'Abdu'l-Bahá

„Christ sein

heißt..."

Eine Textauswahl

Bahá'í-Verlag

Die Deutsche Bibliothek – CIP-Einheitsaufnahme

'Abd-al-Bahā':
„Christ sein heisst..." : eine Textauswahl / 'Abdu'l-Bahá .
- Hofheim-Langenhain : Bahá'í-Verl., 1997
ISBN 3-87037-331-8

'Abdu'l-Bahá
„Christ sein heißt..." Eine Textauswahl
© Bahá'í-Verlag GmbH, D–65719 Hofheim, 1997–154
ISBN 3-87037-331-8
422-191

Inhalt

Vorwort

> „Christ sein heißt, in allem Ihm
> zu gleichen und erfüllt zu sein
> vom Geiste Seiner Liebe."[1]

Liebe, Verständigung und Frieden sind für 'Abdu'l-Bahá der Wesenskern aller Religionen. Jesus Christus, das „Wort Gottes" verkörpert diese religiöse Essenz. „Christ sein" heißt für 'Abdu'l-Bahá, gerade hierin in der Nachfolge Christi zu leben.

'Abdu'l-Bahá (1844–1921) ist der älteste Sohn Bahá'u'lláhs, des Stifters der Bahá'í-Religion. Mit Ihm teilte 'Abdu'l-Bahá seit seinem achten Lebensjahr für seinen Glauben Verbannung; Haft und Kerker. Erst sechsundfünfzig Jahre später sollte er als gealterter, von Entbehrungen gezeichneter Mann im Jahre 1908 wieder die Freiheit erlangen.

Trotz aller eigenen Not wurde 'Abdu'l-Bahá bekannt als Helfer der Armen. Unablässig warb er für Toleranz und Verständigung unter den Religionen. Er war zu Gast in Moscheen, in Synagogen und Kirchen. Zu den Juden spach er von Christus, zu den Christen von Muḥammad. Unermüdlich warb er für Frieden und Aussöhnung. Die Beiset-

---

[1]   Promulgation, S. 6

zung 'Abdu'l-Bahás im Jahre 1921 wurde zur bislang volkreichsten Demonstration gemeinsamer Betroffenheit und Trauer sämtlicher Religions- und Bevölkerungsgruppen Palästinas.

Die meisten der in diesem Bändchen versammelten Texte sind Ansprachen entnommen, die 'Abdu'l-Bahá vor einem überwiegend christlichen Publikum hielt, als er in den Jahren zwischen 1911 und 1913 Europa und Nordamerika bereisen konnte.

Seine Worte über die Stellung und Botschaft Christi, seine Reinterpretationen zentraler christlicher Glaubenslehren sind Provokationen im besten Sinne: Aufforderungen zum Dialog, zum Überdenken der je eigenen Position, immer getragen vom Geiste der Liebe und Versöhnung.

Erster Teil:
Jesus Christus – Das Wort Gottes

1. Jesus Christus

Der strahlende Stern Jesu erhob sich am Horizont über den Israeliten und erleuchtete die Welt, bis der Glanz der Einheit alle Gruppen, Glaubensgemeinschaften und Nationen erreichte. Es gibt keinen besseren Beweis, daß Jesus das Wort Gottes war.[1]

Denke daran, daß Christus, allein und nur auf sich gestellt, ohne Beschützer und Helfer, ohne Heer und Truppen und unter schwerster Bedrückung das Banner Gottes vor aller Welt aufrichtete, ihr widerstand und schließlich alle gewann, obwohl Er, äußerlich gesehen, gekreuzigt wurde... Eines weiteren Beweises für die Wahrheit Christi bedarf es nicht.[2]

Die Stufe Christi war reine Vollkommenheit; Er ließ Seine göttliche Vollkommenheit wie die Strahlen der Sonne auf alle gläubigen Seelen fallen, und die Gaben dieses Lichts erstrahlten hell in der Wirklichkeit des Menschen. Daher sagt Er: „Ich bin das lebendige Brot, vom Himmel gekommen. Wer

[1]   'Abdu'l-Bahá in London, S. 42
[2]   Beantwortete Fragen 22:5

von diesem Brot ißt, der wird leben in Ewigkeit."[4]
Das heißt, daß jeder, der an diesem himmlischen
Mahl teilnimmt, ewiges Leben findet; jeder, der an
dieser Gnade teilhat und diese Vollkommenheiten
annimmt, wird ewiges Leben gewinnen, wird im-
merwährende Gnaden empfangen, wird von der
Finsternis des Irrtums befreit und vom Licht Seiner
Führung erleuchtet.[5]

Christus... sprach: „Ich bin vom Heiligen Geiste
geboren." Wenn es auch heute für die Christen
leicht ist, dies zu glauben, so war es doch zu jener
Zeit sehr schwer, und wir hören aus dem Neuen
Testament, daß die Pharisäer einwandten: „Ist dies
nicht der Sohn des Josef von Nazareth, den wir
kennen, wie kann er sagen ‚Ich bin vom Himmel
gekommen'?"[6]

Obwohl Er, äußerlich gesehen und in den Augen aller, aus niedrigem Stande war, erhob Er sich
mit solcher Macht, daß Er religiöse Gesetze, die
fünfzehnhundert Jahre gegolten hatten, abschaffte.
Und dies zu einer Zeit, da jeder, der auch nur um
ein Jota vom Gesetz abwich, sein Leben aufs Spiel
setzte. Ja, noch mehr: Zu Christi Zeiten waren das
sittliche Verhalten der ganzen Welt und der Zustand der Kinder Israel völlig verdorben und zerrüt-

[4]   Joh. 6,51
[5]   Beantwortete Fragen 29:12
[6]   vgl. Joh. 6,42

tet, und die Stämme Israels befanden sich in tiefer Erniedrigung, Knechtschaft und Not...

Christus hob als junger Mann dank Seiner überirdischen Macht das alte mosaische Gesetz auf, erneuerte das Sittengesetz und legte zum zweiten Mal den Grund zu ewigem Ruhm für das Volk Israel. Allen Menschen brachte Er die Frohbotschaft wahren Friedens. Die Lehre, die Er verkündete, galt nicht nur dem Volk Israel, sondern zielte auf das Glück aller Menschen.[6]

2. Die Botschaft Jesu Christi

Als Christus erschien, offenbarte Er sich in Jerusalem. Er rief die Menschen zum Reiche Gottes. Er lud sie ein zu ewigem Leben und hieß sie, menschliche Vollkommenheit zu erlangen. Das Licht der Führung leuchtete aus diesem strahlenden Stern, und schließlich gab Er Sein Leben als Opfer für die Menschheit hin.

Sein ganzes gesegnetes Leben lang litt Er Unterdrückung und Ungemach, und doch war Ihm die Menschheit feind. Sie verleugneten Ihn, sie verhöhnten, mißhandelten und verfluchten Ihn. Er wurde unmenschlich behandelt, und doch, trotz alledem, war Er die Verkörperung des Mitleids, höchster Güte und Liebe.

---

[6] Beantwortete Fragen 6:1-3

Er liebte die ganze Menschheit, aber sie behandelten Ihn als Feind und waren außerstande, Ihn zu erkennen. Sie legten keinen Wert auf Seine Worte und ließen sich vom Feuer Seiner Liebe nicht erleuchten.

Später erkannten sie, wer Er war, daß Er das heilige, göttliche Licht verkörperte und daß Seine Worte ewiges Leben enthielten.

Sein Herz war voller Liebe für die ganze Welt, Seine Güte war jedem bestimmt, und als sie dies zu erkennen begannen, bereuten sie — Er aber war unterdes gekreuzigt![7]

Wenn ihr über die zentralen Lehren Jesu nachdenkt, werdet ihr erkennen, daß sie das Licht der Welt sind. Niemand kann ihre Wahrheit bestreiten. Sie sind die Quelle des Lebens und die Ursache für das Glück der Menschheit. Äußerlichkeiten und abergläubische Vorstellungen, die später aufkamen und das Licht verdunkelten, hatten keinen Einfluß auf die Wirklichkeit Christi. So sprach Jesus Christus: „Stecke das Schwert in die Scheide."[8] Dies besagt, daß der Krieg verboten und abgeschafft ist... Christus verkündete: „Liebet eure Feinde,... betet für die, so euch verfolgen; auf daß ihr die Kinder seid eures Vaters, der im Himmel ist. Denn Er läßt die Sonne aufgehen über Gute und Böse und sendet

---

[7]   Ansprachen in Paris 38:1-6
[8]   Joh. 18,11

Regen auf Gerechte und Ungerechte."[9] Wie lassen sich Haß und Verfolgung vereinbaren mit Christus und Seinen Lehren?[10]

Schaut auf das Evangelium Christi, des Herrn, und seht, wie herrlich es ist! Und doch begreifen die Menschen selbst heute noch nicht seine unvergleichliche Schönheit und mißdeuten seine Worte der Weisheit.

Christus verbot den Krieg. Als Sein Jünger Petrus in der Absicht, seinen Herrn zu verteidigen, dem Knecht des Hohepriesters das Ohr abschlug, sagte Christus zu ihm: „Stecke dein Schwert in die Scheide."[11] Aber trotz des ausdrücklichen Befehls des Herrn, zu dessen Dienst sich die Menschen bekennen, streiten sie noch immer, führen Krieg und töten einander; und Seine Ratschläge und Lehren scheinen ganz vergessen.[12]

Die göttlichen Propheten kamen, das Reich der Einheit in den Herzen der Menschen zu errichten. Sie alle kündeten der Menschenwelt die frohe Botschaft der göttlichen Gaben. Alle brachten der Welt die nämliche Botschaft der göttlichen Liebe. Um

9   Mat. 5,44-45
10   Promulgation, S. 86
11   Joh. 18,11
12   Ansprachen in Paris 13:13-14

der Einheit der Menschen willen gab Jesus Christus am Kreuz Sein Leben...

Durch Seinen Tod und durch Seine Lehren gelangten wir in Sein Reich. Das Wesen Seiner Lehre war die Einheit der Menschheit und daß wir durch Liebe die erhabensten menschlichen Tugenden erlangen. Er kam, das Reich des Friedens und des ewigen Lebens zu errichten. Könnt ihr in Seinen Worten die leiseste Rechtfertigung für Uneinigkeit und Feindschaft finden? Das Ziel Seines Lebens und der Ruhm Seines Todes waren, die Menschheit von den Sünden des Streits, des Kriegs und Blutvergießens zu befreien. Die großen Nationen der Welt sind stolz darauf, daß sie ihre Gesetze und ihre Zivilisation auf der Religion Christi gründen.[13]

[13]   Promulgation, S. 5f

Zweiter Teil:
Das Christentum in der Geschichte

1. Die Prophezeiungen der Bibel

Die Bibel enthält Prophezeiungen über das Kommen Christi. Die Juden warten noch immer auf das Kommen des Messias und beten Tag und Nacht zu Gott, daß Er Sein Kommen beschleunige.

Als Christus kam, verrieten und töteten sie Ihn und sprachen: „Das ist nicht der, auf den wir warten. Siehe, wenn der Messias kommt, werden Zeichen und Wunder bezeugen, daß Er wirklich der Christus ist. Wir kennen die Zeichen und die Bedingungen, und sie sind nicht eingetreten. Der Messias wird kommen aus einer unbekannten Stadt. Er wird auf dem Throne Davids sitzen und siehe, Er wird kommen mit einem Schwert von Stahl und herrschen mit eisernem Zepter! Er wird das Gesetz der Propheten erfüllen, Er wird den Osten und den Westen erobern und wird Sein erwähltes Volk, die Juden, erhöhen. Er wird ein Reich des Friedens bringen, da selbst die Tiere aufhören, dem Menschen feind zu sein. Denn siehe, Wolf und Lamm werden aus einer Quelle trinken, und Löwe und Reh auf gleicher Weide ruhen. Schlange und Maus werden das Nest miteinander teilen und alle Geschöpfe Gottes in Ruhe und Frieden leben."

Nach Meinung der Juden erfüllte Jesus Christus keine dieser Bedingungen, denn ihre Augen waren verhangen, und sie konnten nicht sehen.

Er kam aus Nazareth, nicht aus einem unbekannt Ort. Er führte kein Schwert, nicht einmal einen Stock. Er saß nicht auf dem Throne Davids und Er war arm. Er änderte das Gesetz Mose und brach den Sabbat. Er eroberte weder den Osten noch den Westen, nein, Er war selber dem römischen Gesetz unterworfen. Er erhöhte nicht die Juden, sondern lehrte Gleichheit und Brüderlichkeit und tadelte die Schriftgelehrten und Pharisäer. Er brachte kein Friedensreich herauf, denn zu Seinen Lebzeiten wuchsen Unrecht und Grausamkeit dermaßen, daß Er ihnen selbst zum Opfer fiel und einen schimpflichen Tod am Kreuz starb.

So dachten und sprachen die Juden, denn sie begriffen weder die Schriften noch die darin enthaltene herrliche Wahrheit. Den Buchstaben kannten sie auswendig, vom lebenspendenden Geist verstanden sie kein einziges Wort.

Hört, ich will euch den Sinn zeigen. Obgleich Er aus Nazareth kam, einem Ort, den alle kannten, kam Er auch vom Himmel. Sein Leib wurde von Maria geboren, aber Sein Geist kam vom Himmel. Das Schwert, das Er führte, war das Schwert Seiner Zunge, mit dem Er Gut von Böse, Echt von Falsch, Gläubig von Ungläubig und Licht von Finsternis schied. Sein Wort war in der Tat ein scharfgeschliffenes Schwert! Der Thron, auf dem Er saß, war der ewige Thron, von dem aus Christus auf immer herrscht, ein himmlischer, kein irdischer Thron; denn das Irdische vergeht, Himmlisches aber wird nicht vergehen. Er deutete das Gesetz Mose neu, vervollständigte es und erfüllte das Gesetz der Propheten. Sein Wort eroberte den Osten und den Westen. Sein Reich ist ewig. Er erhöhte die Juden, die Ihn anerkannten. Es waren Männer und Frauen schlichter Herkunft, aber die Verbindung mit Ihm machte sie groß und verlieh ihnen unvergängliche Würde. Die Tiere, die beisammen leben, bedeuten die verschiedenen Sekten und Rassen, die sich einst bekriegten, jetzt aber in Liebe und Güte zusammenleben und miteinander das Wasser des Lebens aus dem ewigen Quell Christi trinken.

So wurden all die geistigen Prophezeiungen, die sich auf das Kommen Christi beziehen, erfüllt, aber die Juden schlossen die Augen, um nicht zu sehen, und die Ohren, um nicht zu hören; und die göttliche Wirklichkeit Christi wandelte in ihrer Mitte, ohne daß sie Ihn gehört, geliebt oder erkannt hätten.

Die heiligen Schriften zu lesen, ist leicht, aber ihren wahren Sinn begreifen kann man nur mit reinem Herzen und klarem Verstand. Laßt uns Gott um Hilfe bitten, daß Er uns fähig mache, die heiligen Bücher zu verstehen. Laßt uns beten um

Augen, zu sehen, und um Ohren, zu hören, und um Herzen, die sich nach Frieden sehnen.[14]

2. Der Prozeß der Heilsgeschichte

Seit den Tagen Adams bis heute wurden die Religionen Gottes offenbart; eine folgte der anderen, und jede erfüllte ihre Aufgabe, belebte die Menschheit, gab ihr Erziehung und Erleuchtung. Sie erlösten das Volk aus dem Dunkel der stofflichen Welt und führten es in den Glanz des Gottesreiches. Jeder nachfolgende Glaube, jedes neu offenbarte Gesetz blieb jahrhundertelang ein überaus fruchtbarer Baum, dem das Glück der Menschheit anvertraut war. Aber im Laufe der Jahrhunderte alterte er, blühte nicht mehr und brachte keine Frucht mehr hervor. Deshalb wurde er wieder verjüngt.

Gottes Religion ist eine einzige Religion, aber sie muß immer wieder erneuert werden. Moses zum Beispiel wurde zu den Menschen gesandt; Er gab ein Gesetz, und durch dieses Mosaische Gesetz wurden die Kinder Israels aus ihrer Unwissenheit befreit und ins Licht geführt. Sie wurden aus ihrem Elend emporgehoben und erlangten unvergängliche Herrlichkeit. Und doch, als die langen Jahre vergingen, verblaßte dieser Glanz, die Pracht verschwand, der helle Tag wurde zur Nacht, und als

---

[14]   Ansprachen in Paris 16:1-9

die Nacht stockdunkel war, ging der Stern des Messias auf, so daß wieder eine Herrlichkeit über der Welt leuchtete.

Was wir sagen wollen, ist folgendes: Es gibt nur eine Religion Gottes. Sie ist die Erzieherin der Menschheit, aber sie muß erneuert werden. Wenn du einen Baum pflanzt, wächst er Tag für Tag. Er blüht, bekommt Blätter und saftige Früchte. Nach langer Zeit aber wird er alt und trägt keine Frucht mehr. Dann nimmt der Gärtner der Wahrheit Samen von eben diesem Baum und legt ihn in unverbrauchte Erde. Und siehe! Bald steht da der erste Baum, genauso wie er vordem war.[15]

Es ist klar, daß die göttlichen Propheten in die Welt gekommen sind, um Liebe und Harmonie unter den Menschen zu stiften. Sie waren Hirten, nicht Wölfe. Der Hirte will seine Herde sammeln und führen, er will sie nicht zerstreuen, indem er Streit stiftet. Jeder göttliche Hirte hat eine Herde versammelt, die vordem versprengt war. Zu den Hirten gehörte Moses. Zu der Zeit, da die Stämme Israels umherzogen und zerstreut waren, sammelte Er sie. Er einte und erzog sie, ließ ihre Fähigkeiten wachsen und hob sie auf eine höhere Stufe der Entwicklung, bis sie aus der Wüste der Zucht in das heilige Land des Besitzes geführt wurden. Er wandelte ihre Erniedrigung in Herrlichkeit, ihre Armut

---

[15]   Briefe und Botschaften 23:2-4

in Wohlstand; Er setzte Tugenden an die Stelle ihrer Laster, bis sie eine Stufe erreichten, auf der die Herrlichkeit der Herrschaft Salomos möglich wurde, und der Ruhm ihrer Kultur sich über den Osten und den Westen ausbreitete. Es ist klar, daß Moses ein göttlicher Hirte war, denn Er versammelte die Stämme Israels und vereinte sie in der Macht und Stärke einer großen Nation.

Als der Stern Jesu Christi, des Messias, erstrahlte, erklärte Er, Er sei gekommen, um die verlorenen Stämme, die verstreuten Schafe Mose zu sammeln. Er hütete nicht nur die Herde Israels, sondern brachte auch Menschen aus Kaldäa, Ägypten, Syrien, dem alten Assyrien und Phönizien zusammen. Diese Menschen waren äußerst feindselig gegeneinander, blutdürstig wie wilde, grausame Tiere; aber Jesus Christus brachte sie zusammen, verband und vereinigte sie in Seiner Sache und knüpfte zwischen ihnen ein solches Band der Liebe, daß Feindschaft und Krieg aufgegeben wurden. Man kann daraus ersehen, daß die göttlichen Lehren dazu bestimmt sind, ein Band der Einheit in der Menschenwelt zu erschaffen und die Grundlage für Liebe und Brüderlichkeit unter den Menschen zu errichten. Die göttliche Religion ist nicht der Grund für Zwist und Zwietracht. Wird Religion zur Ursache für Feindschaft und Streit, so wäre es besser, keine Religion zu haben. Religion ist dazu bestimmt, den politischen Organismus zu beseelen. Bringt sie der Menschheit den Tod, wäre ihr Nichtsein ein Segen und eine Wohltat für den Menschen. Deshalb muß gerade heute nach den göttlichen Lehren gesucht werden, denn sie sind das Heilmittel für die gegenwärtigen Zustände in der Welt. Ein Heilmittel ist dazu da, zu heilen. Verstärkt es die Symptome der Krankheit, so ist es besser, man läßt es weg oder setzt es ab.

... die göttlichen Religionen sind für den Frieden geschaffen, nicht für Krieg und Blutvergießen. Da sie alle auf derselben Wirklichkeit, auf Liebe und Einigkeit, beruhen, sind Spaltungen und Kriege, die so charakteristisch sind für die Religionsgeschichte, der Nachahmung und dem Aberglauben zuzuschreiben, die im Laufe der Zeit auftreten. Religion ist Wirklichkeit, und die Wirklichkeit ist nur eine. Die Grundwahrheiten der Religion Gottes sind deshalb in Wirklichkeit eins. In den Grundwahrheiten gibt es weder Abweichung noch Veränderung. Alle Verschiedenheit hat ihre Ursache in blinder Nachahmung, in Vorurteilen und im Festhalten an Formen, die erst später auftreten; da es hier Unterschiede gibt, kommt es zu Zank und Streit. Wollten die Religionen der Welt von diesen Konfliktursachen Abstand nehmen und nach den Grundwahrheiten trachten, so fänden sie zueinander, Streit und Uneinigkeit würden verschwinden; denn Religion und Wirklichkeit sind eins und nicht vielerlei.[16]

---

[16] Promulgation, S. 116ff

Seit den Tagen Adams haben sich die göttlichen Manifestationen bemüht, die Menschen zu einen, damit sich alle wie eine Seele betrachten. Aufgabe und Absicht eines Hirten ist, seine Herde zu sammeln, nicht sie zu zerstreuen. Die Propheten Gottes sind göttliche Hirten der Menschheit. Sie haben ein Band der Liebe und Eintracht unter den Menschen gewirkt, ließen zerstreute Völker zu einer Nation und wandernde Stämme zu einem mächtigen Königreiche werden. Sie errichteten die Grundlage göttlicher Einheit und haben alle zum Weltfrieden gerufen. All diese heiligen, göttlichen Manifestationen bilden eine Einheit. Sie dienen demselben Gott, verkünden dieselbe Wahrheit, begründen dieselben Institutionen und strahlen das nämliche Licht wider. Sie kamen nacheinander und sie bezogen sich aufeinander. Jeder hat den, der nach Ihm kommen sollte, angekündigt und verherrlicht... In Name und Form unterscheiden sie sich, aber in Wirklichkeit stimmen sie überein und sind identisch.[17]

Im Qur'án lesen wir, wie Muḥammad zu Seinen Anhängern sprach: „Weshalb glaubt ihr nicht an Christus und das Evangelium? Warum wollt ihr Moses und die Propheten nicht anerkennen, ist doch die Bibel das Buch Gottes? Fürwahr, Moses war ein erhabener Prophet, und Jesus war erfüllt

---

[17]   Promulgation, S. 151

vom Heiligen Geiste. Er kam in die Welt durch die Macht Gottes, war geboren aus dem Heiligen Geist und der gesegneten Jungfrau Maria..." Solches lehrte Muḥammad Sein Volk hinsichtlich Jesu und Mose, und Er tadelte sie dafür, daß sie nicht an diese großen Lehrer glaubten, und gab ihnen die Lehren der Wahrheit und der Duldsamkeit.[18]

Von alters her wurden die Propheten Gottes in die Welt gesandt, um der Sache der Wahrheit zu dienen. Moses brachte das Gesetz der Wahrheit, und alle Propheten Israels nach Ihm haben danach getrachtet, es zu verbreiten.

Als Jesus kam, entzündete Er die Lichtfackel der Wahrheit und hielt sie hoch empor, damit sie die ganze Welt erleuchte. Nach Ihm kamen Seine erwählten Apostel, sie wanderten in weite Fernen, trugen das Licht der Lehre ihres Meisters in eine dunkle Welt und gaben sie weiter.

Dann kam Muḥammad, der zu Seiner Zeit und auf Seine Weise die Wahrheit unter ein barbarisches Volk trug; denn dies war immer der Auftrag der Erwählten Gottes.

Und als schließlich Bahá'u'lláh in Persien auftrat, war es Sein brennendster Wunsch, das schwindende Licht der Wahrheit in allen Landen wieder zu entzünden. Alle Heiligen Gottes haben mit Herz und Seele danach getrachtet, das Licht der

[18]   Ansprachen in Paris 13:9-11

Liebe und Einheit über die Welt zu verbreiten, damit die Dunkelheit des Materialismus weiche und das Licht der Geistigkeit unter den Menschenkindern leuchte. Dann werden Haß, Verleumdung und Mord vergehen und statt ihrer herrschen Liebe, Eintracht und Frieden.

Alle Manifestationen Gottes kamen mit der gleichen Absicht, und alle suchten die Menschen auf den Pfad der Tugend zu führen. Doch wir, ihre Diener, streiten uns noch immer. Warum ist das so? Warum lieben wir einander nicht und leben in Eintracht?

Der Grund ist, daß wir die Augen verschließen vor dem Grundprinzip aller Religionen, daß Gott *einer* ist, daß Er unser aller Vater ist, daß wir alle in das Meer Seines Erbarmens getaucht und durch Seine liebevolle Fürsorge behütet und geschützt sind.

Die herrliche Sonne der Wahrheit leuchtet für alle, jeder ist in die Wasser der göttlichen Barmherzigkeit getaucht, und Seine göttliche Gunst kommt allen Seinen Kindern zugute.[19]

---

[19]   Ansprachen in Paris 39:2-8

3. Die Wiederkunft Christi

In den heiligen Büchern heißt es, daß Christus wiederkommen werde und daß dies von der Erfüllung gewisser Zeichen abhänge: Wenn Er kommt, wird es unter diesen Zeichen sein. Zum Beispiel „werden Sonne und Mond den Schein verlieren, und die Sterne werden vom Himmel fallen... Und alsdann wird erscheinen das Zeichen des Menschensohns am Himmel. Und alsdann werden heulen alle Geschlechter auf Erden und werden kommen sehen des Menschen Sohn in den Wolken des Himmels mit großer Kraft und Herrlichkeit."[20] Bahá'u'lláh hat diese Verse im „Buch der Gewißheit"[21] ausführlich erklärt... Auch bei Seinem ersten Erscheinen kam Christus vom Himmel, wie es ausdrücklich im Evangelium heißt. Christus selbst sagt: „Und niemand fährt gen Himmel, denn der vom Himmel hernieder gekommen ist, nämlich des Menschen Sohn, der im Himmel ist."[22]

Es ist für alle klar, daß Christus vom Himmel kam, obwohl Er augenscheinlich aus Marias Schoß geboren wurde. Wie Er zum ersten Mal aus dem Himmel kam, wenn auch augenfällig aus dem Mut-

---

[20] Mat. 24,29-30
[21] Kitáb-i-Íqán, eines der ersten Werke Bahá'u'lláhs, geschrieben in Baghdád vor der öffentlichen Bekanntgabe Seiner Offenbarung.
[22] Joh. 3,13

terleib, so wird Er auch bei Seiner Wiederkunft aus dem Himmel kommen, obwohl sichtbar aus dem Mutterschoß. Die Umstände, die im Evangelium für die Wiederkunft Christi genannt sind, sind die gleichen, die für Sein erstes Kommen aufgeführt waren...

Das Buch Jesaja verkündet, daß der Messias den Osten und Westen erobern werde, daß alle Völker der Welt sich Seinem Schutze anvertrauen werden, daß Sein Königreich errichtet werde, daß Er von einem unbekannten Ort kommen werde, daß Gericht gehalten werde über die Sünder und daß solche Gerechtigkeit herrschen werde, daß der Wolf und das Lamm, der Leopard und das Ziegenböcklein, die Schlange und der Säugling an einer Quelle, auf einer Wiese und in einem Nest beieinander sein werden. Auch für das erste Kommen galten diese Begleitumstände, obwohl sich keiner von ihnen tatsächlich ereignete. Deshalb lehnten die Juden Christus ab und nannten Ihn - möge Gott ihnen verzeihen! - „masikh"[23], sahen in Ihm den Zerstörer des Hauses Gottes, betrachteten Ihn als Brecher des Sabbats und des Gesetzes und verurteilten Ihn zum Tod. Dennoch hatte jeder einzelne der obengenannten Begleitumstände eine Bedeutung, die aber

---

[23] „masikh" heißt „das Ungeheuer". Im Arabischen gibt es ein Wortspiel mit den Wörtern Masíh, der Messias, und masikh, das Ungeheuer.

die Juden nicht verstanden. Darum waren sie davon ausgeschlossen, die Wahrheit Christi zu erkennen.

Auch die Wiederkunft Christi geschieht in ähnlicher Weise: Die erwähnten Zeichen und Umstände haben alle einen inneren Sinn und dürfen nicht wörtlich genommen werden. Unter anderem heißt es, daß die Sterne auf die Erde fallen werden. Es gibt unendlich viele Sterne, und heutige Gelehrte haben festgestellt und wissenschaftlich bewiesen, daß die Sonne schätzungsweise ein und eine halbe Million mal größer als unsere Erde und jeder der Fixsterne tausendmal größer als die Sonne ist. Wenn diese Sterne auf die Erde fielen, wie sollten sie auf ihr Platz finden? Es wäre so, wie wenn tausend Millionen Berge wie der Himalaja auf ein Senfkorn fallen sollten. Nach den Maßstäben der Vernunft und der Wissenschaft ist das ganz unmöglich. Noch merkwürdiger ist, daß Christus sagte: „Vielleicht werde Ich kommen, wenn ihr noch schlaft. Denn das Kommen des Menschensohnes gleicht dem Kommen des Diebes." Vielleicht ist der Dieb im Hause und der Hausherr weiß nichts davon.[24]

Es ist klar und eindeutig, daß diese Hinweise symbolische und nicht wörtliche Bedeutung haben.[25]

---

[24]   vgl. Mat. 24,43, Luk. 12,39-40, Mark. 13,36
[25]   Beantwortete Fragen 26:1-5

O du, der du im Reiche Gottes dem Geiste Christi nahegekommen bist! Wahrlich, der Leib ist aus stofflichen Elementen zusammengesetzt, und alles Zusammengesetzte muß sich auflösen. Der Geist jedoch ist eine einzige Wesenheit, zart und fein, körperlos, ewig und göttlich. Wer deshalb Christus in Seinem stofflichen Leib erwartet, der hält vergeblich Ausschau und wird wie durch einen Schleier von Ihm ausgeschlossen sein. Wer sich aber sehnt, Ihn im Geiste zu finden, wird Tag für Tag wachsen vor freudigem Verlangen und brennender Liebe, weil er Ihm nahekommt und Ihn klar und deutlich erkennt. An diesem neuen, wundersamen Tag steht dir an, nach Christi Geist zu suchen.

Wahrlich, der Himmel, in den sich der Messias erhob, war nicht dieses unendliche Firmament; vielmehr war Sein Himmel das Reich Seines gütigen Herrn. So sagt Er selbst: „Ich bin vom Himmel gekommen"[26], und ein andermal: „Des Menschen Sohn ist im Himmel"[27]. Daraus erhellt, daß Sein Himmel jenseits aller Himmelsrichtungen ist, das ganze Sein umschließt und für diejenigen errichtet ist, die Gott anbeten. Bete und flehe zu deinem Herrn, daß Er dich in diesen Himmel emporhebe und dir von seiner Nahrung in diesem Zeitalter der Macht und Majestät zu essen gebe.

[26] Joh. 6,38
[27] Joh. 3,13

Wisse, daß das Volk bis auf den heutigen Tag die Geheimnisse des Buches nicht entwirrt hat. Sie wähnen, Christus sei während Seines Erdenwandels von Seinem Himmel ausgeschlossen gewesen, sei vom Gipfel Seiner Erhabenheit abgefallen und hinterher in die höheren Gefilde des Himmels aufgestiegen, zu dem Himmel, der überhaupt nicht existiert, da er nur Weltraum ist. Sie warten darauf, daß Er von dort auf einer Wolke reitend wiederkomme. Sie bilden sich ein, daß es in diesem unendlichen All Wolken gebe, daß Er auf ihnen reite und so herniederfahre. Die Wahrheit ist indessen, daß eine Wolke nur Dampf ist, der von der Erde aufsteigt; sie kommt nicht vom Himmel herab. Vielmehr ist die Wolke, auf die sich das Evangelium bezieht, der Menschenleib. Er wird so bezeichnet, weil für den Menschen der Körper ein Schleier ist, der ihn wie eine Wolke daran hindert, die Sonne der Wahrheit zu erkennen, die vom Horizonte Christi scheint.[28]

Der verehrte Pfarrer hat aus den Worten des Evangeliums gelesen: „Ich habe euch noch viel zu sagen, aber ihr könnt es jetzt nicht tragen. Wenn aber jener, der Geist der Wahrheit, kommen wird, der wird euch in alle Wahrheit leiten."[29] Die Zeit ist angebrochen, da der Geist der Wahrheit diese Ge-

[28]   Briefe und Botschaften 143:1-3
[29]   vgl. Joh. 16,12f

heimnisse der Menschheit enthüllen, dieses Wort verkünden, das wahre Fundament des Christentums errichten und die Völker und Nationen aus den Banden der Nachahmung überkommener Formen befreien kann. Die Ursachen von Zwietracht, Vorurteil und Ablehnung werden hinfortgenommen und die Grundlage gelegt für Harmonie und Liebe.[30]

Gott sei Dank, daß das erleuchtete Zeitalter gekommen ist! Gelobt sei Gott, daß die Sonne der Wirklichkeit aufgegangen ist! Es ist das Zeitalter der Einheit der Menschheit. Jetzt ist das Zeitalter der Entfaltung der Liebe Gottes. Jetzt ist das Zeitalter angebrochen, da das Lamm und der Wolf aus derselben Quelle trinken, der Tag, da die Gazelle und der Löwe auf derselben Wiese weiden werden. Jetzt ist das Zeitalter, da das Reich Gottes auf der Erde sichtbar werden muß. Jetzt ist das Zeitalter angebrochen, da die Strahlen des himmlischen Reiches sich ausbreiten müssen...[31]

[30] Promulgation, S. 41f
[31] Mein Herz ist bei euch, S. 37

28

Dritter Teil:
Einige christliche Glaubenslehren

1. Taufe

Das Prinzip der Taufe ist eine Waschung zum Zeichen der Reue. Johannes gab den Menschen Ermahnungen und guten Rat und führte sie so zur Reue, dann taufte er sie. Diese Taufe ist offensichtlich ein Symbol, ein Ausdruck der Reue über die Sünden, wie es in den Worten zum Ausdruck kommt: „O Gott, wie mein Leib äußerlich von Schmutz rein wurde, so reinige und heilige auch meinen Geist vom Schmutz der irdischen Welt, der der Schwelle Deiner Einheit unwürdig ist!" Reue bedeutet Umkehr vom Ungehorsam zum Gehorsam. Der Mensch, der von Gott fern und Seiner beraubt war, bereut und unterzieht sich der Reinigung. Es ist ein Sinnbild, das bedeutet: „O mein Gott, mache mein Herz gut und rein, läutere und heilige es von allem außer meiner Liebe zu Dir!"

Da Christus wünschte, daß dieser Brauch des Johannes zu jener Zeit von allen geübt werde, befolgte Er ihn selbst, um dadurch die Menschen zur Besinnung zu rufen und die Vorschrift des alten religiösen Gesetzes zu erfüllen. Die Kultwaschung zum Zeichen der Reue wurde von Johannes eingeführt; es gab diesen Brauch aber bereits früher in der Religion Gottes.

Christus brauchte die Taufe nicht; da sie aber zu jener Zeit ein sinnvoller, vorbildlicher Brauch war, ein Symbol der frohen Botschaft vom Gottesreich, unterzog Er sich ihr. Doch sagte Er später, daß die wahre Taufe nicht mit stofflichem Wasser, sondern mit „Wasser und Geist" geschehen solle.[32] Hier bedeutet Wasser kein stoffliches Wasser; denn an anderer Stelle steht ausdrücklich, daß die Taufe mit „Geist" und mit „Feuer"[33] erfolgen soll; hieraus wird deutlich, daß weder irdisches Feuer noch stoffliches Wasser gemeint sind, denn eine Taufe mit Feuer ist unmöglich.

„Geist" steht für die göttliche Gnade, „Wasser" für Erkenntnis und Leben, „Feuer" für die Liebe Gottes. Denn irdisches Wasser reinigt nicht das menschliche Herz, sondern nur den Körper. Aber himmlisches Wasser und göttlicher Geist, also Erkenntnis und Leben, machen das Herz des Menschen gut und rein; das Herz, das an der Gnadengabe des Heiligen Geistes teilhat, wird geheiligt und gut und rein. Das heißt, die Wirklichkeit des Menschen wird von den Befleckungen der irdischen Welt gereinigt und geheiligt. Diese irdischen Befleckungen sind böse Eigenschaften, wie Zorn, Lei-

[32] vgl. Mark. 1,8 und Joh. 1,33
[33] Mat. 3,11

denschaft, Weltverhaftung, Stolz, Lüge, Heuchelei, Betrug, Egoismus und ähnliches.

Der Mensch kann sich nicht selbst aus dem Taumel der sinnlichen Leidenschaften befreien; er bedarf dazu der Hilfe des Heiligen Geistes. Darum wurde gesagt, die Taufe mit Geist, Wasser und Feuer sei notwendig und unerläßlich; und Geist bedeutet hier göttliche Gnade, Wasser Erkenntnis und Leben, und Feuer die Liebe Gottes. Mit diesem Geist, mit diesem Wasser und Feuer muß der Mensch getauft werden, damit er die ewige Gnade empfange. Was wäre der Nutzen einer Taufe mit irdischem Wasser? Nein, die Taufe mit stofflichem Wasser war ein Sinnbild für die Reue und das Streben nach Vergebung der Sünden.

Im Zeitalter Bahá'u'lláhs aber ist dieses Symbol nicht mehr nötig, denn dessen Wesenskern – die Taufe durch den Geist und die Liebe Gottes – wird jetzt verstanden.[34]

2. Abendmahl

Es ist... offensichtlich, daß der Geist Christi eine Gnadengabe ist, die vom Himmel herabkommt; jeder, der von diesem Geist Licht in Fülle, das heißt die himmlischen Lehren, empfängt, findet ewiges Leben. Darum wird in Vers 35 gesagt: „Jesus aber

---

[34] Beantwortete Fragen 19:3-8

sprach zu ihnen: Ich bin das Brot des Lebens. Wer zu Mir kommt, den wird nicht hungern; und wer an Mich glaubt, den wird nimmermehr dürsten."[35]

Beachte, daß Er „zu Mir kommen" als essen und „an Mich glauben" als trinken bezeichnete. Mit der himmlischen Nahrung sind demnach die göttlichen Gnadengaben, der geistige Glanz, die himmlischen Lehren und die umfassende Bedeutung Christi gemeint. Essen heißt „Ihm nahe kommen", und trinken heißt „an Ihn glauben". Denn Christus hatte einen natürlichen Leib und eine himmlische Gestalt. Der irdische Leib wurde gekreuzigt, die himmlische Gestalt aber ist lebendig und ewig und wird zur Ursache ewigen Lebens. Sein natürlicher Leib war menschlicher Natur, Seine himmlische Gestalt aber göttlicher Natur. Es gibt Menschen, die denken, das Abendmahl sei die Wirklichkeit Christi und daß Gott und der Heilige Geist in die Hostie eingehen und in ihr enthalten seien. Wird die Hostie aber gereicht, so löst sie sich nach wenigen Augenblicken auf und wird völlig verändert. Wie kann man sich so etwas vorstellen? Gott bewahre! Dies ist reine Phantasie.

Zusammenfassend: Durch das Erscheinen Christi wurden die geheiligten Lehren, die ewige Gnade bedeuten, verbreitet; das Licht der Führung leuchtete auf, und der Geist des Lebens wurde der Menschheit geschenkt. Wer hierin Führung fand,

---

[35] Joh. 6,35

wurde belebt, und wer auf dem falschen Wege blieb, verfiel ewigem Tod. Das Brot, das vom Himmel herabkam, war der himmlische Leib Christi und Sein geistiges Wesen, von dem die Jünger aßen und durch das sie ewiges Leben fanden.

Die Jünger hatten oft von der Hand Christi Speise empfangen; warum wurde das letzte Abendmahl vor den anderen ausgezeichnet? Es ist offensichtlich, daß sich das „himmlische Brot" nicht auf das stoffliche Brot bezog, sondern vielmehr auf die göttliche Speise des geistigen Leibes Christi, die göttlichen Gnadengaben und himmlischen Vollkommenheiten, an denen Seine Jünger teilhatten und von denen sie erfüllt wurden.

Bedenke ferner, daß Christus, als Er das Brot segnete und es Seinen Jüngern mit den Worten „Dies ist mein Leib"[36] gab, leiblich und persönlich gegenwärtig bei ihnen war. Er verwandelte sich nicht in Brot und Wein; denn so verwandelt hätte Er nicht leiblich, sichtbar und in menschlicher Gestalt bei den Jüngern bleiben können.

Brot und Wein sind also Symbole. Sie bedeuten: Ich gab euch Meine Segensgaben und Vollkommenheiten, und so ihr diese Gnade annehmt, gewinnt ihr ewiges Leben und seid der himmlischen Speise teilhaftig.[37]

---

[36] Mat. 26,26
[37] Beantwortete Fragen 21:6-11

3. Dreieinigkeit und Heiliger Geist

Frage: Was bedeutet die Dreieinigkeit, die drei Personen in einem Wesen?

Antwort: Die göttliche Wirklichkeit ist über das Verstehen der Geschöpfe erhaben und geheiligt, und die weisesten und klügsten Köpfe können sich kein Bild von ihr machen; denn sie ist erhaben über jede Vorstellung. Die Wirklichkeit des Herrn läßt keine Teilung zu. Denn Teilung und Vielzahl sind den Geschöpfen eigen, die eine abhängige Existenz besitzen; diese Unzulänglichkeiten sind nicht Eigenschaften des unabhängigen Seins.

Die göttliche Wirklichkeit ist geheiligt über die Einheit, wieviel mehr noch über die Vielheit. Das Herabsteigen der Wirklichkeit des Herrn zu den Bedingungen und Stufen der Geschöpfe wäre gleichbedeutend mit Unvollkommenheit und das Gegenteil von Vollkommenheit; deshalb ist es völlig ausgeschlossen. Die Wirklichkeit des Herrn war und ist in alle Ewigkeit auf den erhabenen Höhen der Reinheit und Heiligkeit. Alle Aussagen über die Offenbarungen und das Erscheinen Gottes beziehen sich auf die Widerspiegelung des Göttlichen und nicht auf dessen Herabsteigen in die Bedingungen des Daseins.

Gott ist reine Vollkommenheit, Geschöpfe sind unvollkommen. Das Herabsteigen Gottes zu den Bedingungen des Daseins wäre die größte Unvollkommenheit; nein, Seine Offenbarung, Sein Erscheinen, Sein Aufgang gleichen dem Sichtbarwerden der Sonne in einem reinen, makellosen und feingeschliffenen Spiegel. Alle irdischen Dinge sind offenbare Zeichen Gottes. Auf alle fallen die Strahlen der Sonne. Aber auf Ebenen, Berge, Bäume und Früchte fällt nur soviel Licht, daß sie sichtbar werden, sich entfalten und zum Ziel ihres Daseins gelangen, während der vollkommene Mensch[38] wie ein klarer Spiegel ist, in dem die Sonne der Wahrheit mit allen ihren Eigenschaften und Vollkommenheiten erscheint und sichtbar wird. So war die Wirklichkeit Christi ein klarer, feingeschliffener Spiegel von größter Schönheit und Reinheit. Die Sonne der Wahrheit, das Wesen Gottes, offenbarte sich in diesem Spiegel, und durch ihn wurden ihr Licht und ihre Wärme wahrnehmbar... Darum sagte Christus: „Der Vater ist im Sohn" und meinte, daß jene Sonne in diesem Spiegel sichtbar und gegenwärtig ist.[39]

Der Heilige Geist ist die Gnade Gottes. Sie wurde in der Wirklichkeit Christi sichtbar und offenkundig. Die Stufe der Sohnschaft ist das Herz Christi, und der Heilige Geist ist die Stufe des Geistes Christi. So ist deutlich, daß das Wesen Gottes einzigartig ist und daß es nichts Gleiches, nichts Ähnliches, nichts Vergleichbares gibt.

---

[38] der Prophet, in der Bahá'í-Terminologie: die Manifestation Gottes
[39] vgl. Joh. 10,38 und 14,10

Dies ist die Bedeutung der drei Personen der Dreieinigkeit. Wäre es anders, so beruhten die Grundlagen der Religion Gottes auf einer unlogischen Annahme, die der Verstand niemals begreifen könnte; und wie könnte man gezwungen werden, etwas zu glauben, was der Verstand nicht einsehen kann? Vom Verstand kann nur angenommen werden, was in eine verständliche Form gefaßt ist; alles andere ist reiner Wahn.[40]

Wir können die göttliche Wirklichkeit mit der Sonne und den Heiligen Geist mit den Sonnenstrahlen vergleichen. Wie die Sonnenstrahlen Licht und Wärme der Sonne zur Erde bringen und damit allem Erschaffenen Leben schenken, so bringen die „Manifestationen"[41] die Kraft des Heiligen Geistes von der göttlichen Sonne der Wirklichkeit, damit sie den Menschenseelen Licht und Leben spenden.

Seht, es bedarf eines Mittlers zwischen der Sonne und der Erde. Die Sonne steigt weder zur Erde nieder, noch steigt die Erde zur Sonne empor. Die Verbindung wird durch die Sonnenstrahlen geschaffen, die Licht und Wärme vermitteln.

Der Heilige Geist ist das Licht der Sonne der Wahrheit, das durch seine unendliche Kraft der ganzen Menschheit Leben und Erleuchtung bringt,

---

[40] Beantwortete Fragen 27:1-8
[41] So bezeichnen die Bahá'í die Gottgesandten und Propheten, einschließlich Jesu Christi

alle Seelen mit göttlichem Glanz überflutet und der ganzen Welt die Segnungen der Gnade Gottes vermittelt. Die Erde würde ohne einen Mittler von Sonnenwärme und Sonnenlicht keine Segnungen von der Sonne empfangen.

So ist auch der Heilige Geist die eigentliche Ursache des Lebens im Menschen. Ohne den Heiligen Geist besäße der Mensch keinen Verstand, könnte er sich keine wissenschaftlichen Kenntnisse aneignen, durch die er großen Einfluß über die restliche Schöpfung gewinnt. Die Erleuchtung durch den Heiligen Geist verleiht dem Menschen die Macht des Denkens und befähigt ihn zu Entdeckungen, durch die er die Naturgesetze seinem Willen gefügig macht.

Es ist der Heilige Geist, der durch die Vermittlung der Propheten Gottes den Menschen geistige Tugenden lehrt und ihn befähigt, ewiges Leben zu erlangen.

Alle diese Segensgaben empfängt der Mensch durch den Heiligen Geist; so können wir verstehen, daß der Heilige Geist der Mittler zwischen dem Schöpfer und dem Erschaffenen ist. Licht und Wärme der Sonne lassen die Erde fruchtbar werden und erwecken alles, was wachsen kann, zum Leben; der Heilige Geist belebt die Seelen der Menschen.

Die beiden großen Apostel, Petrus und der Evangelist Johannes, waren ursprünglich schlichte Handwerker, die sich um ihr täglich Brot abmühten. Durch die Kraft des Heiligen Geistes wurden ihre Seelen erleuchtet, und sie empfingen die ewigen Segensgaben Christi, des Herrn.[42]

Geistige Entfaltung ist nur möglich durch den Odem des Heiligen Geistes. Wie sehr die materielle Welt sich auch entwickelt und wie prächtig sie sich schmückt, sie wird doch stets leblos bleiben, solange sie keine Seele hat; denn die Seele ist es, die dem Leib Leben gibt. Der Leib an sich hat keine wirkliche Bedeutung. Ohne den Segen des Heiligen Geistes bliebe der stoffliche Leib ohne Leben.[43]

4. Gottessohnschaft

Ein großer Mann ist groß, gleichgültig, ob er einen menschlichen Vater hat oder nicht. Wenn es ein Vorzug wäre, keinen Vater zu haben, so wäre Adam größer und erhabener als alle Propheten und Gottgesandten, denn er hatte weder Vater noch Mutter. Die Ursache der Größe und Erhabenheit sind der Glanz und die Gnade göttlicher Vollkommenheit. Die Sonne ist aus Substanz und Form geschaffen, die man mit Mutter und Vater vergleichen kann, und sie ist reine Vollendung; die Finsternis aber hat weder Substanz noch Form, weder Vater noch Mutter, und sie ist absolute Unvollkommen-

---

[42]   Ansprachen in Paris 17:7-13
[43]   Ansprachen in Paris 40:35

heit. Die Substanz von Adams körperlichem Leben war Erde, diejenige Abrahams aber reiner menschlicher Samen; sicherlich ist reiner und keuscher Samen besser als Erde.

Zudem heißt es im Evangelium des Johannes, im ersten Kapitel, Vers 12 und 13: „Allen aber, die ihn aufnahmen, denen gab er Macht, Gottes Kinder zu werden, die an seinen Namen glauben; welche nicht von dem Geblüde noch von dem Willen des Fleisches noch von dem Willen eines Mannes, sondern von Gott geboren sind."

Aus diesen Worten geht klar hervor, daß auch das Wesen eines Jüngers nicht durch physische Kräfte, sondern durch die geistige Wirklichkeit geschaffen ist. Die erhabene Größe Christi liegt nicht darin, daß Er keinen Vater hatte, sondern in Seinen Vollkommenheiten, Seinen Gnadengaben und in Seiner himmlischen Herrlichkeit. Wenn die Größe Christi in Seiner Vaterlosigkeit gelegen hätte, müßte Adam größer gewesen sein, denn er hatte weder Vater noch Mutter. Im Alten Testament steht: „Und Gott der Herr machte den Menschen aus einem Klumpen Erde, und Er blies ihm ein den Odem des Lebens in seine Nase. Und also ward der Mensch eine lebendige Seele."[44] Beachte, es heißt, daß Adam durch den Geist des Lebens erschaffen wurde. Auch die Worte des Johannes über die Jünger zeugen dafür, daß die Jünger vom himmlischen

---

[44] 1. Mose 2,7

Vater kommen. Damit wird deutlich, daß die geheiligte Wirklichkeit, das heißt das wirkliche Sein eines jeden erhabenen Menschen, von Gott kommt und durch den Odem des Heiligen Geistes ins Leben tritt.

Folglich läßt sich sagen: Wenn es der größte Vorzug eines Menschen wäre, keinen menschlichen Vater zu haben, dann wäre Adam größer als alle anderen, denn er hatte weder Vater noch Mutter. Ist es besser für den Menschen, aus lebendiger Substanz oder aus Erde erschaffen zu werden? Sicher ist es besser, aus lebendiger Substanz erschaffen zu werden. Christus aber wurde vom Heiligen Geist geboren und ins Leben gerufen.[45]

5. Das Opfer am Kreuz

Christus, der das Wort Gottes ist, hat sich selbst geopfert. Dieses Opfer hat zwei Bedeutungen, eine offensichtliche und eine verborgene. Die äußere Bedeutung ist folgende: Christi Absicht war, eine Sache zu vertreten und zu fördern, die das Menschengeschlecht erziehen, die Kinder Adams neu beleben und die ganze Menschheit erleuchten sollte. Weil aber die Offenbarung einer solch großen Sache – einer Sache, die im Widerspruch zu allen Menschen, Völkern und Obrigkeiten stand – es in

[45]   Beantwortete Fragen 18:1-4

sich schloß, daß Er getötet und gekreuzigt würde, hat Christus, indem Er Seine Sendung verkündete, Sein Leben hingegeben. Für Ihn war das Kreuz wie ein Thron, die Wunden wie Balsam, das Gift wie Honig und Zucker. Er erhob Sich, die Menschen zu lehren und zu erziehen, und so opferte Er sich, um den Geist des Lebens zu spenden. Sein Leib starb, damit Sein Geist die Menschen neu beseele.

Die andere Bedeutung des Opfers ist die: Christus war wie ein Samenkorn, und dieses Samenkorn opferte seine eigene Gestalt, damit der Baum wachse und sich entfalte. Wenn auch die Form des Samenkorns zugrunde ging, so offenbarte sich seine Wirklichkeit in vollendeter, majestätischer Pracht und Schönheit in der Gestalt eines Baumes.

Die Stufe Christi war reine Vollkommenheit; Er ließ Seine göttlichen Vollkommenheiten wie Strahlen der Sonne auf alle gläubigen Seelen fallen, und die Gaben des Lichts schienen und leuchteten in der Wirklichkeit der Menschen. Daher sagt Er: „Ich bin das lebendige Brot, vom Himmel gekommen. Wer von diesem Brot ißt, der wird leben in Ewigkeit." [46] Das heißt, daß jeder, der an diesem himmlischen Mahl teilnimmt, ewiges Leben findet; jeder, der an dieser Gnade teilhat und diese Vollkommenheiten annimmt, wird ewiges Leben gewinnen, wird immerwährende Gnaden empfangen,

[46] Joh. 6,51

wird von der Finsternis des Irrtums befreit und vom Licht Seiner Führung erleuchtet.

Die Gestalt des Samenkorns wurde dem Baum geopfert, aber durch dieses Opfer wurden seine Vollkommenheiten offenbar; denn der Baum mit seinen Zweigen, Blättern und Blüten war im Samenkorn verborgen. Indem die Form des Samenkorns geopfert wurde, zeigten sich seine Vollkommenheiten in der vollendeten Gestalt der Blätter, Blüten und Früchte.[47]

Jesus Christus wußte, daß dies geschehen würde, und Er war willens, dafür zu leiden. Seine Erniedrigung war Sein Ruhm. Seine Dornenkrone ein himmlisches Diadem. Als sie die Dornen auf sein gesegnetes Haupt drückten und Ihm in Sein hehres Antlitz spien, da legten sie den Grundstein zu Seinem ewigen Reich. Er herrscht noch immer, doch sie und ihre Namen sind verloren und vergessen. Er ist ewig und strahlt in Herrlichkeit; sie sind nichts. Ihn suchten sie zu vernichten; doch sie vernichteten sich selbst und durch die Stürme ihrer Gegnerschaft nährten sie nur Seine Flamme. Durch Seinen Tod und durch Seine Lehren gelangten wir in Sein Reich.[48]

---

[47]   Beantwortete Fragen 29:10-13
[48]   Promulgation, S. 5f

Warum hat Jesus Christus den furchtbaren Kreuzestod erlitten? Warum hat Muḥammad Verfolgung ertragen? Warum hat der Báb das höchste Opfer dargebracht, und warum verbrachte Bahá'u'lláh Seine Lebensjahre im Gefängnis? Warum sollte sich all dies Leiden zugetragen haben, wenn nicht, um das ewige Leben des Geistes zu beweisen?[49]

6. Sünde und Erlösung

Diese physische, menschliche Welt ist der Macht der Triebe unterworfen, und Sünde ist die Folge dieser Macht der sinnlichen Begierden, die nicht den Gesetzen der Gerechtigkeit und Heiligkeit gehorchen. Der Körper des Menschen ist ein Sklave der Natur; was immer sie befiehlt, wird er tun. Darum sind Sünden wie Zorn, Eifersucht, Streit, Habsucht, Geiz, Torheit, Vorurteil, Haß, Stolz und Herrschsucht in der stofflichen Welt vorhanden. Alle diese niedrigen Eigenschaften finden sich in der Natur des Menschen. Ein Mensch ohne geistige Erziehung ist wie ein Tier... Darum ist die stoffliche Welt des Menschen eine Welt der Sünde. In dieser physischen Welt steht der Mensch nicht höher als das Tier.

[49]   Ansprachen in Paris 29:32-35

Jede Sünde entspringt den Forderungen der Natur, und diese Ansprüche, die der Eigenart der Materie entstammen, sind beim Tier keine Sünde, während sie für den Menschen Sünde sind. Das Tier ist die Quelle von Unvollkommenheiten, wie Zorn, Gier, Neid, Habsucht, Grausamkeit und Selbstsucht; alle diese Mängel werden bei Tieren gefunden, stellen aber keine Sünden dar. Beim Menschen dagegen sind sie Sünde.

Adam vererbte dem Menschen das leibliche Leben, aber die Wirklichkeit Christi, das heißt das Wort Gottes, ist die Ursache des geistigen Lebens. Sie ist der lebenspendende Geist. Das bedeutet, daß alle Unvollkommenheiten, die den Erfordernissen des physischen Lebens entstammen, durch die Lehren und Unterweisungen dieses Geistes in menschliche Vollkommenheit umgewandelt werden. Deshalb war Christus der lebenspendende Geist und die Ursache des Lebens für die ganze Menschheit.

Adam war die Ursache des physischen Lebens, und weil die stoffliche Welt des Menschen die Welt der Unvollkommenheit und Unvollkommenheit gleichbedeutend mit Tod ist, verglich Paulus die stoffliche Unvollkommenheit mit dem Tod.

Aber die meisten Christen glauben, daß Adam sündigte, als er vom verbotenen Baume aß; denn er war ungehorsam. Sie glauben, daß er die Strafe für seinen Ungehorsam auf alle seine Nachkommen vererbte. So sei Adam zur Ursache für den Tod aller Menschen geworden. Diese Erklärung widerspricht der Vernunft und ist offensichtlich falsch; denn sie besagt, daß alle Menschen, sogar die Propheten und Boten Gottes, Menschen ohne Fehl und ohne Sünde, nur weil sie von Adam abstammen, schuldlos schuldig und sündig geworden seien; daß sie deshalb bis zum Tage des Opfers Christi zu qualvoller Höllenstrafe verdammt waren. Dies ist weit von der Gerechtigkeit Gottes entfernt. Wenn Adam ein Sünder war, was war die Sünde Abrahams? Was haben sich Isaak und Josef zuschulden kommen lassen? Was hat Moses Übles getan?

Christus, der das Wort Gottes ist, hat sich selbst geopfert... Er erhob sich, die Menschen zu lehren und zu erziehen, und so opferte Er sich, um den Geist des Lebens zu spenden. Sein Leib starb, damit Sein Geist die Menschen neu beseele.[50]

7. Auferstehung und Pfingstgeheimnis

Frage: Was bedeutet die Auferstehung Christi nach drei Tagen?

Antwort: Die Auferstehung der göttlichen Offenbarer ist keine leibliche. Die Bedingungen, unter denen sie leben, ihr Handeln, die Grundlagen ihrer Lehre, ihre Unterweisungen, ihre Interpretationen, Gleichnisse und Methoden haben geistige und göttliche Bedeutung und sind nicht an die stoffliche

[50] Beantwortete Fragen 29:5-10

Welt gebunden. Nimm als Beispiel, daß Christus vom Himmel kam: An zahlreichen Stellen des Evangeliums heißt es ganz klar, daß der Sohn des Menschen vom Himmel kam, daß Er im Himmel ist und daß Er in den Himmel geht. So steht in Kapitel 6, Vers 38, des Johannesevangeliums: „Denn Ich bin vom Himmel gekommen"; und in Vers 42 lesen wir: „Sie sprachen: Ist dies nicht Jesus, Josefs Sohn, des Vater und Mutter wir kennen? Wie spricht er denn: Ich bin vom Himmel gekommen?" Und in Kapitel 3, Vers 13, heißt es: „Und niemand fährt gen Himmel, denn der vom Himmel hernieder gekommen ist, nämlich des Menschen Sohn, der im Himmel ist."

Beachte, daß geschrieben steht: „des Menschen Sohn, der im Himmel ist", obwohl Christus zu dieser Zeit auf Erden war. Bedenke auch, daß geschrieben steht, daß Christus vom Himmel kam, obgleich Er aus Marias Schoß kam und Sein Leib von ihr geboren wurde. Dies macht deutlich, daß es keine äußere, sondern eine innere Bedeutung hat, wenn gesagt wird, daß des Menschen Sohn vom Himmel kam; es ist eine geistige und keine körperliche Tatsache. Der Sinn ist, daß Christus, obwohl Er augenscheinlich aus Marias Schoß geboren wurde, tatsächlich vom Himmel kam, vom Mittelpunkt der Sonne der Wahrheit, von der göttlichen Welt und dem geistigen Gottesreich. Wie nun deutlich wurde, daß Christus vom geistigen Himmel des göttlichen Reiches herabkam, so hat auch Sein Verborgensein in der Erde während dreier Tage eine innere Bedeutung und ist keine äußere Tatsache. Ebenso ist Seine Auferstehung aus der Erde symbolisch; sie ist ein geistiges und göttliches Geschehnis, kein materielles; gleicherweise ist Seine Himmelfahrt eine geistige und keine körperliche.

Von diesen Erklärungen abgesehen, hat die Wissenschaft festgestellt und bewiesen, daß der sichtbare Himmel eine unendliche Weite ist, öde und leer, wo zahllose Gestirne und Planeten ihre Bahnen ziehen.

Darum erklären wir den Sinn der Auferstehung Christi wie folgt: Die Jünger waren nach dem Kreuzestode Christi beunruhigt und verwirrt. Die Wirklichkeit Christi, Seine Lehren, Segensgaben, Seine Vollkommenheit und geistige Macht waren nach Seinem Kreuzestod zwei oder drei Tage lang verborgen und verschleiert, sie waren nicht sichtbar und leuchteten nicht. Im Gegenteil, man hielt sie für verloren, denn der Gläubigen waren wenige, und sie waren aufgewühlt und voller Sorge. Die Sache Christi war wie ein lebloser Körper; nach drei Tagen aber, als die Apostel fest und sicher wurden, Seiner Sache zu dienen begannen und sich entschlossen, die göttlichen Lehren zu verbreiten, indem sie nach Seinem Vermächtnis handelten und sich erhoben, Ihm zu dienen, leuchtete die Wirklichkeit Christi, und Seine Segensgaben wurden sichtbar; Seine Religion wurde lebendig, und Seine Lehren und Ermahnungen wurden klar und offenkundig. Mit anderen Worten: Die Sache Christi war wie ein lebloser Körper, bis das Leben und die Segensgaben des Heiligen Geistes sie erfüllten.

Das ist die Bedeutung der Auferstehung Christi, und es war eine wahre Auferstehung. Aber da die Priester weder den Sinn des Evangeliums verstanden noch seine Symbole erkannten, wurde gesagt, Religion widerspreche der Wissenschaft, und die Wissenschaft empöre sich gegen die Religion; denn gerade diese Auffassung von der leiblichen Himmelfahrt Christi in den sichtbaren Himmel steht im Widerspruch zur exakten Wissenschaft. Wenn aber die Wahrheit über diese Frage erkannt und ihr Symbolcharakter erklärt wird, widerspricht ihr die Wissenschaft in keiner Weise; im Gegenteil werden Wissenschaft und Verstand sie bestätigen.[51]

Frage: Nach der Bibel kam der Heilige Geist auf die Jünger herab. Auf welche Weise geschah dies und was bedeutet es?

Antwort: Das Herabkommen des Heiligen Geistes ist nicht wie der Eintritt der Luft in den Körper; es ist ein bildlicher und kein wörtlich zu nehmender Ausdruck. Es gleicht vielmehr dem Eintritt des Bildes der Sonne in einen Spiegel; das heißt, ihr Glanz wird in ihm sichtbar.

Die Jünger waren nach dem Hingang Christi in Verwirrung, ihre Meinungen und Gedanken gingen

[51]   Beantwortete Fragen 23:1-6

48

auseinander und widersprachen sich; später wurden sie gefestigt und einig, und am Pfingstfest kamen sie zusammen und lösten sich von den Dingen dieser Welt. Sie dachten nicht an sich selbst, verzichteten auf Behagen und irdisches Glück, opferten Leib und Seele ihrem geliebten Herrn, verließen ihre Familien und wurden heimatlose Wanderer, wobei sie sogar sich selbst vergaßen. Da wurde ihnen göttliche Hilfe zuteil, und die Kraft des Heiligen Geistes wurde offenbar; die Geistigkeit Christi siegte, und die Liebe Gottes herrschte. An diesem Tage wurde ihnen Hilfe geschenkt, sie zerstreuten sich in alle Richtungen und lehrten die Sache Gottes durch schlüssige Argumente.

Die Ausgießung des Heiligen Geistes auf die Jünger bedeutet also, daß sie sich dem Geiste Christi ganz ergaben, wobei sie Sicherheit und Festigkeit fanden. Durch den Geist der Liebe Gottes gewannen sie neues Leben und sahen, daß Christus lebte, half und sie beschützte. Sie waren wie Wassertropfen und wurden zum Meer, sie waren wie schwache Mücken und wurden zu königlichen Adlern, sie waren kraftlos und wurden stark. Sie waren wie Spiegel, die der Sonne zugewendet sind; wahrlich, in ihnen wurden Strahlen der Sonne offenbar.[52]

---

[52] Beantwortete Fragen 24:1-4

8. Nachfolge

Um ein Christ zu sein, genügt es darum nicht, diesen Namen zu tragen und zu sagen: „Ich gehöre zu einem christlichen Volk." Um wirklich Christ zu sein, muß man Seiner Sache, Seinem Reich dienen, voranschreiten unter Seinem Banner des Friedens und der Liebe zur Menschheit, opferwillig und gehorsam; erquickt vom Odem des Heiligen Geistes, muß man die Strahlen vom göttlichen Wesen Christi widerspiegeln, in Seinem Garten Früchte tragen und die Welt mit dem Lebenswasser Seiner Lehren erquicken. Christ sein heißt, in allem Ihm zu gleichen und erfüllt zu sein vom Geiste Seiner Liebe.[53]

Die göttlichen Propheten kamen, das Reich der Einheit in den Herzen der Menschen zu errichten. Sie alle kündeten der Menschenwelt die frohe Botschaft der göttlichen Gnadengaben. Alle brachten der Welt die nämliche Botschaft der göttlichen Liebe. Um der Einheit der Menschen willen gab Jesus Christus am Kreuz Sein Leben. Die an Ihn glaubten opferten ebenso Leben, Ehre, Besitz, Familie, einfach alles, damit diese menschliche Welt aus der Hölle der Zwietracht, des Haders und der Feindschaft errettet werde. Sein Fundament war die Einheit der Menschheit. Nur wenige fühlten sich zu Ihm hingezogen. Es waren nicht die Könige und

---

[53] Promulgation, S. 6

Herrscher Seiner Zeit. Es waren nicht die Reichen und Bedeutenden. Einige waren Fischer. Die meisten waren unwissend, ungelehrt im Wissen dieser Welt. Einer der Größten unter ihnen, Petrus, konnte sich nicht die Wochentage merken. Alle waren sie in den Augen der Welt Menschen von geringem Ansehen und Einfluß. Aber ihre Herzen waren rein, sie waren angezogen vom Feuer des Heiligen Geistes, der sich in Christus offenbarte.[54]

Alle Propheten mühten sich, Liebe in der Menschen Herz zu pflanzen. Jesus Christus suchte in den Herzen Liebe zu erschaffen. Er ertrug alle Heimsuchungen und alle Qual, damit des Menschen Herz zur Quelle der Liebe werde. So sollten denn auch wir uns mit Herz und Seele mühen, daß diese Liebe von uns Besitz ergreife. Dann wird die ganze Menschheit, sei sie des Ostens oder Westens, durch dieses Band der göttlichen Liebe verbunden. Denn wir alle sind die Wellen eines Meeres; dieselbe Gnade hat uns ins Sein gerufen und wir empfangen sie vom selben Mittelpunkt.[55]

Die Prüfungen des Menschen sind von zweierlei Art. Die erste erwächst aus den Folgen des eigenen Handelns. Wenn jemand zuviel ißt, bekommt er Verdauungsstörungen; wenn er Gift nimmt, wird

[54] Promulgation, S. 5
[55] Promulgation, S. 15

er krank oder stirbt. Wenn jemand spielt, wird er sein Geld los; wenn er viel trinkt, sein Gleichgewicht. Alle diese Leiden hat sich der Mensch selbst zugezogen. Somit ist völlig klar, daß bestimmte Leiden das Ergebnis unseres eigenen Handelns sind.

Von anderer Art ist das Leid, das über die Getreuen Gottes kommt. Denkt an die großen Trübsale, die Christus und Seine Apostel litten!

Wer am meisten leidet, erfährt die höchste Vervollkommnung. Wer viel um Christi willen zu leiden wünscht, muß seine Aufrichtigkeit beweisen. Wen es nach großen Opfern verlangt, der kann die Wahrhaftigkeit seines Wunsches nur durch Taten belegen. Hiob bezeugte die Treue seiner Liebe zu Gott damit, daß er treu blieb in großer Not wie in Zeiten des Wohlstands. Die Apostel Christi, die standhaft alle ihre Prüfungen und Leiden trugen — bekundeten sie nicht damit ihre Glaubenstreue? War ihr Ausharren nicht der beste Beweis? Diese Leiden sind nun ausgelitten.

Kaiphas lebte behaglich und zufrieden, während Petri Leben voll Sorge und Prüfung war. Wer von beiden ist beneidenswerter? Heute zögen wir gewiß den Zustand Petri vor, besitzt er doch unvergängliches Leben, während Kaiphas ewige Schande gewählt hat. Die Prüfungen Petri erprobten seine Treue. Prüfungen sind Wohltaten Gottes, für die wir Ihm dankbar sein müssen. Kummer und Sorge überkommen uns nicht zufällig, sie werden uns vielmehr durch die göttliche Gnade zu unserer eigenen Vervollkommnung gesandt...

Das Gebet der Propheten Gottes war und ist allezeit: O Gott! Ich sehne mich danach, mein Leben auf Deinem Pfade hinzugeben. Ich sehne mich, mein Blut für Dich zu vergießen und das höchste Opfer darzubringen.[56]

Solange man seinen Fuß nicht auf das Feld des Opfers setzt, ist man jeder Gunst und Gnade beraubt. Das Feld des Opfers aber ist der Zustand, da das Selbst stirbt, damit der strahlende Glanz des lebendigen Gottes hervorbrechen kann. Das Feld des Martyriums ist der Ort der Loslösung vom Selbst, der Ort, wo die Hymnen der Ewigkeit emporsteigen können. Tut, was ihr vermögt, um eures Selbstes völlig überdrüssig zu werden, und bindet euch an jenes strahlende Antlitz. Sowie ihr diese Höhen der Dienstbarkeit erreicht habt, werdet ihr alle erschaffenen Dinge in eurem Schatten versammelt finden. Das ist grenzenlose Gnade; das ist die höchste Souveränität. Das ist das Leben, das nicht vergeht. Alles andere ist letztlich nur offenbare Verdammnis und schlimmer Verlust.[57]

---

[56]   Ansprachen in Paris 14:2-7,11
[57]   Briefe und Botschaften 36:5

9. Gute Werke, Glauben und Gnade

Frage: Jene Menschen, die sich durch gute Taten und umfassende Güte auszeichnen, die lobenswerte Charaktereigenschaften besitzen, die allen Geschöpfen Liebe und Wohlwollen erweisen, die sich der Armen annehmen und für den allgemeinen Frieden arbeiten – brauchen auch sie noch die göttlichen Lehren, von denen sie ja glauben, unabhängig zu sein? Was ist die Stufe dieser Menschen?

Antwort: Wisse, daß solche Taten, solche Bemühungen und Worte vorbildlich und anerkennenswert sind und der Menschheit zur Ehre gereichen. Aber diese Taten allein genügen nicht; sie sind wie ein Körper von größter Lieblichkeit, aber ohne Geist. Nein, das, was die Ursache des ewigen Lebens ist, der unvergänglichen Ehre, der vollkommenen Erleuchtung, der wahren Erlösung und des Glücks, ist zuallererst die Erkenntnis Gottes. Wir haben bereits ausgeführt,[58] daß die Erkenntnis Gottes über jeder anderen Erkenntnis steht und die größte Zierde der menschlichen Welt ist. Denn in der bestehenden Kenntnis der Wirklichkeit der Dinge liegt materieller Vorteil, und durch sie macht die äußere Zivilisation Fortschritte; aber die Erkenntnis Gottes ist die Ursache geistigen Fortschritts und der Anziehung, und durch sie wird Erleuchtung erlangt, die Wahrheit erkannt, die

---

[58]   vgl. Beantwortete Fragen, Kap. 37 und 40

Menschheit erhoben, die Tugend makellos und die Zivilisation göttlich.

An zweiter Stelle kommt die Liebe Gottes, deren Licht in der Lampe der Herzen jener leuchtet, die Gott erkannt haben; ihre glänzenden Strahlen erhellen den Horizont und geben dem Menschen das Leben des Gottesreichs. Die Frucht des menschlichen Daseins ist in Wahrheit die Liebe Gottes, denn diese Liebe ist der Geist des Lebens und die ewige Gnade. Gäbe es die Liebe Gottes nicht, wäre die abhängige Welt in Dunkel gehüllt; gäbe es die Liebe Gottes nicht, wären die Herzen der Menschen tot und der Lebensgefühle beraubt; gäbe es die Liebe Gottes nicht, wäre die geistige Verbindung verloren; gäbe es die Liebe Gottes nicht, würden Ost und West sich nicht wie zwei Liebende umarmen; gäbe es die Liebe Gottes nicht, würde das Licht der Einheit die Menschheit nicht erleuchten; gäbe es die Liebe Gottes nicht, würden Spaltung und Uneinigkeit nicht in Brüderlichkeit verwandelt; gäbe es die Liebe Gottes nicht, würde Gleichgültigkeit nicht in Zuneigung enden; gäbe es die Liebe Gottes nicht, würde der Fremde nicht zum Freunde werden. Die Liebe der menschlichen Welt leuchtet aus der Liebe Gottes hervor und erscheint durch die Gnade und Güte Gottes.[59]

---

[59]   Beantwortete Fragen 84:1-3

10. Ewiges Leben

Der Mensch wird zunächst aus einer Welt des Dunkels, aus dem Schoße seiner Mutter, in diese irdische Welt des Lichts hineingeboren. In der dunklen Welt, aus der er kam, wußte er nichts von den Bedingungen dieses Daseins. Er wurde befreit aus dem Dunkel und in ein neues, weiträumiges Reich gebracht, wo die Sonne scheint, die Sterne funkeln, der Mond leuchtet, wo es schöne Landschaften, Rosengärten, Früchte und all die Segnungen dieser Welt gibt... Genauso wie der Mensch körperlich in diese Welt hineingeboren wurde, kann er aus dem Reich und dem Schoß der Natur wiedergeboren werden; denn das Reich der Natur ist ein Zustand der Tierhaftigkeit, der Dunkelheit und des Mangels. Bei dieser zweiten Geburt erlangt er das Reich Gottes. Dort erkennt er, daß die Welt der Natur Düsternis, das Reich Gottes aber eine Welt strahlender Herrlichkeit ist... Dies ist die Stufe, die Christus als „Wiedergeburt" bezeichnete. Er sagt, genauso, wie wir leiblich vom Mutterschoß in diese Welt geboren werden, so müssen wir aus dem Mutterschoß der Natur wiedergeboren werden in das Leben des Reiches Gottes. Möget ihr alle diese zweite, geistige Geburt erlangen. „Was vom Fleische geboren ist, ist Fleisch; was vom Geiste geboren ist, ist Geist." [60] [61]

---

[60]   Joh. 3,6

Du fragst nach dem ewigen Leben und dem Eingehen in das Reich Gottes. Die Bezeichnung der äu-
ßeren Welt für dieses Reich ist „Himmel"; das ist
aber ein Vergleich und ein Gleichnis, keine Wirklichkeit oder Tatsache, denn das Gottesreich ist
kein stofflicher Ort, es ist über Zeit und Raum geheiligt. Es ist eine geistige Welt, eine göttliche Welt
und der Mittelpunkt der Herrschaft Gottes; es ist
frei vom Körperlichen und von allem, was stofflich
ist, und ist geläutert und geheiligt über die Vorstellungen der menschlichen Welt. An den Ort gebunden zu sein, ist eine Eigentümlichkeit des Körpers
und nicht des Geistes...

Denn es gibt zwei Arten von Leben, das des
Körpers und das des Geistes. Das Leben des Körpers ist ein stoffliches, aber das Leben des Geistes
offenbart das Sein des Gottesreichs, das im Empfangen des Geistes Gottes und im Lebendigwerden
durch den Odem des Heiligen Geistes besteht. Obgleich das körperliche Leben existiert, ist es für die
geistig Geheiligten reines Nichtsein und völliger
Tod. So existiert der Mensch, und auch dieser Stein
existiert, aber welch ein Unterschied ist zwischen
dem Dasein des Menschen und dem des Steins!
Obwohl der Stein ein Dasein hat, so ist es mit dem
des Menschen verglichen ein Nichtsein.

[61] Promulgation, S. 332f

Die Bedeutung des ewigen Lebens ist die Gabe des Heiligen Geistes... Das bedeutet, daß das Leben des Gottesreiches das Leben des Geistes ist, das heißt ewiges Leben, und daß es vom Raum geläutert ist, wie der menschliche Geist, der keinen Ort hat... Seine Verbindung mit dem Körper ist wie die der Sonne mit diesem Spiegel. Die Sonne ist nicht im Spiegel, aber sie steht in Verbindung mit ihm.

Ebenso ist die Welt des Gottesreichs über alles geheiligt, was mit den Augen oder anderen Sinnen, wie Gehör, Geruch, Geschmack oder Tastgefühl, wahrgenommen werden kann... Mit dem Gottesreich ist es ebenso. Auch die Liebe hat keinen Ort, ist aber mit dem Herzen verbunden; und so hat das Gottesreich keinen Ort, aber es ist mit dem Menschen verbunden.

Das Eingehen ins Gottesreich erfolgt durch die Liebe zu Gott, durch Loslösung, durch Heiligkeit und Keuschheit, durch Wahrhaftigkeit, Reinheit, Standhaftigkeit, Treue und das Opfer des Lebens.

Diese Erklärungen zeigen, daß der Mensch unsterblich ist und ewig lebt. Für die, die an Gott glauben, die Liebe und Vertrauen zu Gott haben, ist das Leben wahrhaft gut, das heißt, es ist ewig; für jene Seelen aber, die vor Gott verschleiert sind, ist es, obwohl sie Leben haben, finster, und im Vergleich mit dem Leben der Gläubigen ist es Nichtsein.[62]

---

[62]   Beantwortete Fragen 67:1-7

Das körperliche Leben hat keinen Bestand und ist dem Nichtsein gleich. So kommt es, daß Christus zu einem Seiner Jünger sagte: „Laß die Toten ihre Toten begraben"; denn „was vom Fleisch geboren wird, das ist Fleisch; und was vom Geist geboren wird, das ist Geist." [63]

Beachte, daß Menschen, die physisch lebten, von Christus Tote genannt wurden; denn Leben heißt ewiges Leben und Sein ist wahres Sein. Wenn daher in den heiligen Büchern von der Auferwekkung von Toten die Rede ist, so bedeutet dies, daß sie ewiges Leben fanden; wenn ein Blinder sehend wurde, so ist jenes Sehen gemeint, das wirkliche, innere Einsicht bedeutet; wenn ein Tauber hörend wurde, so besagt dies, daß er geistiges und himmlisches Hören erlangte. Dies geht aus dem Text des Evangeliums hervor, wo Christus sagt: „Sie sind wie diejenigen, von denen Jesaja sagte, mit sehenden Augen sehen sie nicht, und mit hörenden Ohren hören sie nicht; und Ich heilte sie." [64] [65]

... Prüfungen, die uns auf Schritt und Tritt bedrängen, alle Sorgen, Leiden, Schmach und aller Kummer kommen aus der Welt des Stoffs, wogegen das geistige Reich nie Trauer verursacht. Ein Mensch,

[63]   Mat. 8,22 und Joh. 3,6
[64]   vgl. Mat. 13,13-15 und Jes. 6,10
[65]   Beantwortete Fragen 22:6-7

der mit seinen Gedanken in diesem Reiche lebt, kennt nur Freude. Die Übel, die das Erbe allen Fleisches sind, berühren ihn nicht, sie streifen sein Leben nur an der Oberfläche, während er innerlich ruhig und gelassen bleibt.

Die Menschheit ist heute niedergedrückt von Mühsal, Kummer und Sorge. Niemand kann dem entkommen. Die Welt ist naß von Tränen, doch steht das Heilmittel, Gott sei Dank, vor der Tür. Laßt uns die Herzen abwenden von der Welt des Stoffs und in der Welt des Geistes leben. Sie allein kann Freiheit geben. Sind wir von Schwierigkeiten umringt, so brauchen wir nur Gott zu rufen, und Seine große Barmherzigkeit wird uns helfen.

Wenn Leid und Mißgeschick uns heimsuchen, so laßt uns das Angesicht zum Reiche Gottes wenden, und himmlischer Trost wird fließen. Wenn wir krank und in Not sind, laßt uns um Gottes Heilung flehen, und Er wird unser Gebet erhören. Wenn unsere Gedanken mit der Bitternis dieser Welt erfüllt sind, laßt uns die Augen auf die Süße von Gottes Mitleid richten, und Er wird himmlische Ruhe senden. Sind wir auch in der stofflichen Welt gefangen, so kann sich doch unser Geist in die Himmel erheben, und wir werden wirklich frei sein. Wenn sich unsere Tage dem Ende nähern, laßt uns der ewigen Welten gedenken, und wir werden voller Freude sein.

Überall um euch seht ihr die Beweise für die Unzulänglichkeit des Materiellen, daß Freude, Labsal, Friede und Trost nicht in den vergänglichen Dingen der Welt zu finden sind. Ist es daher nicht töricht, wenn wir uns weigern, die Schätze dort zu suchen, wo sie zu finden sind? Die Tore des geistigen Gottesreiches stehen für alle offen, und außerhalb herrscht Finsternis.

Dankt Gott, daß ihr, die ihr hier versammelt seid, darum wißt, denn in allem Leid könnt ihr den Trost des Höchsten empfangen. Wenn eure Erdentage gezählt sind, so wißt ihr, daß euch ewiges Leben erwartet. Wenn euch materielle Angst in eine dunkle Wolke hüllt, wird geistiger Glanz euren Weg erhellen. Wahrlich, wessen Sinn vom Geist des Höchsten erleuchtet ist, der findet erhabensten Trost.[66]

Ich bete aufrichtig darum, daß wir alle im Reiche Gottes und Ihm nahe seien.[67]

---

[66]   Ansprachen in Paris 35:6-13
[67]   Ansprachen in Paris 20:16

Quellennachweis

'Abdu'l-Bahá   *Ansprachen in Paris* (1911), 7. Aufl., Hofheim 1983; Neuauflage mit revidierter Übersetzung in Vorbereitung
Beantwortete Fragen (1907), 3. Aufl., Hofheim 1977; Neuauflage mit revidierter Übersetzung in Vorbereitung
Briefe und Botschaften, Hofheim 1992
Promulgation of Universal Peace (1912), 2. Aufl., Wilmette 1982; deutsche Übersetzung in Vorbereitung
'Abdu'l-Bahá in London (1911), 2. Aufl., London 1982

Bahá'u'lláh   *Das Buch der Gewißheit*, 2. Aufl., Frankfurt 1969; Neuauflage mit revidierter Übersetzung in Vorbereitung

Werner Gollmer   *Mein Herz ist bei euch.* 'Abdu'l-Bahá in Deutschland, Hofheim 1988